DJOHAN Alfonso

Les échos du vent

DJOHAN Alfonso

Les échos du vent

Murmures dans le noir

Éditions Muse

Imprint
Any brand names and product names mentioned in this book are subject to trademark, brand or patent protection and are trademarks or registered trademarks of their respective holders. The use of brand names, product names, common names, trade names, product descriptions etc. even without a particular marking in this work is in no way to be construed to mean that such names may be regarded as unrestricted in respect of trademark and brand protection legislation and could thus be used by anyone.

Cover image: www.ingimage.com

Publisher:
Éditions Muse
is a trademark of
International Book Market Service Ltd., member of OmniScriptum Publishing Group
17 Meldrum Street, Beau Bassin 71504, Mauritius

Printed at: see last page
ISBN: 978-620-2-29690-8

Les échos du vent

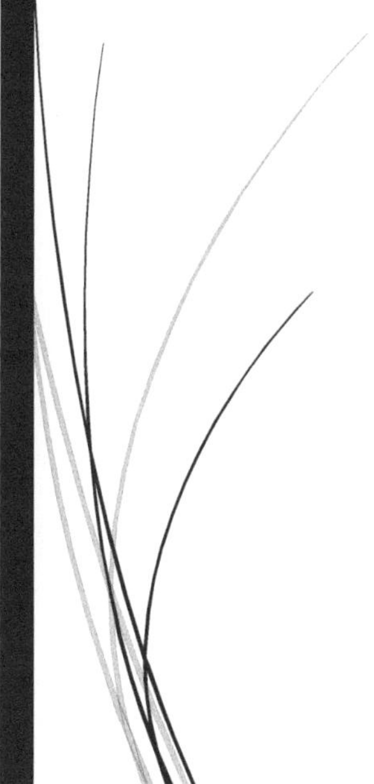

Table des matières

La mort

Il était là sous mon nez,

Il me fixait, il me parlait,

Il m'appelait, je ne pouvais point entendre.

Parce qu'il n'avait plus de voix,

Parce qu'il ne pouvait plus bouger,

Parce qu'il ne se trouvait plus auprès de nous:

Il se trouvait au-delà du réel.

Il ne manquait plus qu'une porte pour qu'il nous quitte.

Une porte dont nous seul détenions les clés,

Dont nous seul pouvions l'ouvrir:

Cette porte n'est rien d'autre que sa dernière demeure.

Il ne restait plus qu'on lui fasse passer pour qu'il s'en aille.

Plus nous lui versons de la terre, plus il s'en va.

Plus une couche lui parvînt, plus il nous quitte.

Laissant derrière lui familles, amis, connaissances, tous attristés.

Il s'en va pour un voyage sans retour,

Pour un voyage dont nous ne pouvions le revoir qu'après notre mort.

Mon amour

Ta beauté est comparable à celle des divinités, aux rayons de solaires.

Avec ton regard caressant toujours prêt à dévorer tous ceux qui te font la cour.

Avec tes yeux aux couleurs de l'arc-en-ciel.

Ta peau est aussi douce que les ruisseaux endormis.

J'ai mis mon savoir-faire pour la conquête de ton cœur:

J'ai mis mon argent, je me suis trouvé KO

J'ai mis mon orgueil, je me suis retrouvé à terre.

Mais quand mon cœur est en faillite de toi, seul ta voix, ton regard caressant

Et ta peau peuvent l'enrichir.

Si tu me le demandes,

J'irais éteindre le soleil pour n'avoir pour seul source de chaleur que ton corps.

Mon rêve

Dans mon rêve, je manque de mots pour te dire
À quel point tu me manques.
La distance qui sépare nos deux dimensions est inexplicable.
Ne pouvant partager ta chaleur,
Je me contente de ton parfum.
Ne pouvant goûter à tes lèvres,
Je me contente de ta voix.
Mon voudrait te parler,
Te dire à quel point tu me manques
Mais tu es si loin de moi.
Je voudrais, ce soir, couché dans mon lit,
Retrouver cette page de mon rêve où tu m'es t'apparue
Et là, peut-être, j'aurai ma chance.
Cette nuit, couché face au ciel,
Je vois les étoiles inonder le ciel
Et rêvant de toi,
Parcourant de tes doux doigts ma poitrine.

Lettre d'un père

Ce soir, la nuit est silencieuse.

La lune dans splendeur, chevauche un ciel inondé d'étoiles,

Et il fait frais

J'arpente la maison peinte aux couleurs de mes rêves

Et chaque pièce est imprégnée du parfum de nos émotions.

J'espère que tu as mis au chaud tous les miens.

Mes chers enfants,

Je suis en sueur et j'ai besoin d'un bain.

J'espère que vous aviez été sages aujourd'hui

Et que vous aviez lu vous leçons.

J'aurai souhaité renter plutôt pour vous voir réviser,

Pour entendre vos rires mais je n'ai pas pu

Car j'avais trop de travail.

Demain, je ne manquerai pas de vous laisser un peu d'argent

Pour vos besoins personnels.

Ma chère et tendre épouse,

En entrant dans la chambre, t'étais couchée

Et je n'ai pas pu m'empêcher d'étudier les traits de ton visage

Sous le masque du sommeil.

T'es encore plus belle endormie, te l'ai-je déjà dire?

J'ai aimé le repas de ce soir!

J'espère que tu as eu une bonne journée.

Les larmes me montent aux yeux,

Je crois que c'est la fatigue.

Je viendrai me coucher, poussez vous

Faites-moi de la place dans vos rêves.

J'espère que vous vous souvenez encore de moi.

Bonne nuit à tous, je vous embrasse.

Votre père qui vous aime tant.

Ronéa, mon amour

Souple comme le vent,

Douce comme les anges ailés,

Enivrante comme le parfum de la pluie,

Belle comme le coucher du soleil,

Étendu sur mon lit comme la manne du désert,

Sa robe en lambeau a fini sa valse sous la table,

Son ronflement régulier emplit la pièce,

Un soupir s'échappe de ses lèvres pulpeuses,

Ah qu'elle me rend fou!

Ma bien aimée

Grande est ma joie tous les matins à mon réveil à l'idée de te savoir dans mes pensées, dans mon cœur. Depuis notre rencontre ce soir-là, face à la mer translucide. Sa lumière était telle qu'on aura dit qu'elle nous dictait l'avenir de notre histoire.

Mais, grande est la haine, la jalousie que j'éprouve tous les matins à savoir que d'autres yeux en dehors des miens de dévisage, que d'autres corps en dehors du mien se frottent au tien et que le soleil à tout instant t'effleure le visage.

Je voudrais que tu saches que de toute mon existence, je n'ai vu de beauté pouvant t'égaler. Tu seras toujours la seule fleur, la plus belle des roses du jardin d'Amour qui illuminera mon âme lorsque je suis triste, lorsque je serai en détresse.

L'amour que je ressens pour toi est tellement grand, que le poids de mon cœur est supérieur à la poussée d'Archimède. Ceci créant en moi un amour plus puissant au fil du temps.

Séparation

Depuis notre ultime rencontre face à cette mer transparente et bleue,

Ce ciel pur, tu m'as quitté sans mot dire, sans me dire au-revoir.

J'ai beau revivre cette page de mon souvenir

Je ne trouve rien de désagréable que j'ai pu faire.

Tu étais bien la beauté et le soleil qui soient seuls capable de germer en moi de l'amour.

Dis-moi pourquoi et pour qui tu veux me quitter.

J'ai parcouru le monde, escaladé les montagnes, traversé les océans pour te trouver

Et en quelques instants tu me quittes,

Tu seras toujours pour moi la seule à occuper le premier bus matinal de mon cœur.

Quoi qu'il arrive, tu seras pour moi le lever et le coucher du soleil

Je ne cesserai de penser à toi.

Sache que tu es pour moi la rosée qui arrose et fait germer la plus belle des roses d'amour.

Ma rencontre

Ce soir-là, sur cette plage dorée et illuminée, tu as fait apparition dans les profondeurs de mon âme. Lorsque ton parfum au mien s'est mêlé : la mer a cessé de couler, le temps de passer, le monde de faire sa révolution, mon cœur a commencé à battre la chamade et j'ai compris que j'étais tombé sous le charme de ton regard et de ta beauté ceci sans comprendre le pourquoi et le comment.

Face à cette plaie qu'a creusée ton amour dans mon cœur, je suis l'esclave sans espoir et le travailleur sans salaire. Tu as été la première personne que j'ai cherché. Ne me demande pas de t'offrir ni les étoiles du ciel ni le soleil du jour car les éclairs qui jaillissent de tes yeux sont plus forts que ceux des étoiles et la chaleur de ton corps plus que celle du soleil mais laisse-moi t'offrir en sacrifice mon humble cœur.

Je t'ai gravé à l'encre de mes souvenirs dans le noir de mes yeux car si t'aimer un crime alors n'accepterai ma sentence comme un don du ciel.

Bataille

Ta peau est claire. Tes yeux lancent des éclairent. Face à cette bataille, j'ai déposé les armes à l'entrée de ton cœur sans combat.

J'ai escaladé la muraille de ta forteresse, parcouru l'étendu de ton royaume-cœur et dans l'arène de la haine, j'ai affronté jalousie et préjugés sociaux. Ne me demande ni le nom des dieux de mes pères ni la couleur de ma peau ni l'alphabet de ma langue. Ouvre-moi la porte de ton royaume-cœur, laisse-moi t'aider à l'administrer. Je ne te demande pas de m'aimer mais de me laisser te naviguer afin de te laisser voir les sillons qui mènent vers moi.

Même dans les égouts les plus hostiles, même lorsque mon cœur cessera de battre, mon être ne cessera de te réclamer. Devant les sentiers illuminés du ciel, nous nous sommes jurés fidélité : aucun mortel ne pourra briser les sceaux scellés par les dieux.

Je t'attendrai

Ce n'est pas la honte,
Mais c'est ton absence qui me hante.
Tu es entrée comme par enchantement en moi
Jusqu'à hissé ton drapeau d'Amour dans mon cœur jusqu'à là vierge,
Sous ce ciel sans étoile tu es partie :
T'avais pas le droit de t'en aller loin de moi
Qu'ai-je ais pour mériter ça ?
Il me semble qu'on avait allumé une chandelle
Dans le noir de mon cœur,
Une flamme qui promettait de la chaleur
Là où il n'y'avait plus que ténèbres glacés.
Je m'étais accroché à l'idée que je m'habituerai de ton absence
Mais la douleur est un puit sans fond
Que chaque jour creuse au lieu de combler.
Si un baiser pouvait suffire pour effacer le passé,
Je t'en donnerai tout un océan.
Même à bout de force, je t'attendrai car je t'aime.
J'ai découvert qu'il me serait plus facile de me couper le bras droit
Que de vivre sans toi : reviens-moi vite s'il te plait.

Je t'ai aimé... je t'oublierai

Comme une fumée s'élève, mon âme s'évade,
Je me sens comme une coquille vide.
Sans me souffler un mot,
Sans me laisser le temps d'assurer ma défense,
Tu m'as claqué à la figure la porte de ton cœur.
Avant notre rencontre, j'étais comme endormi.
Pendant notre idylle,
Tu m'as fait voir la lumière.
Mais aujourd'hui, tu n'es plus là,
Et la lumière autour de moi s'est éteinte
Le chant des perdrix me fit voir la réalité :
Le clash de notre histoire.
Mon cœur est en lambeau,
Mon âme est tiraillée entre l'envie de me suicider et de m'enfuir.
Je ne saurai supporter la vie sans toi.
Je suis endeuillé :
Je chante secrètement ma peine
Et dans physiquement ma douleur.
Et lorsque tu es loin de moi, je me sens si mal
Que mon seul recours serait une mort rapide.
Notre séparation a mis mon âme en ruine.
L'amour fait passer le temps,
Le temps fait passer l'amour.
Notre séparation a fait saigner mon cœur,
Et le temps se chargera de faire cicatriser mes blessures
Mais n'effacera pas mes cicatrices.
Je t'ai aimé, maintenant, loin de toi, j'essayerai de t'oublier.

Enfant de la rue

Le jour se lève,
Leur ventre saigne déjà, nombreux sont-ils,
Enfants de la liberté, enfants sans enfance heureuse,
Qui sont tombés sous le charme de la beauté noire des rues,
Que ce soit dans une pluie battante, un soleil ardent ou un froid rude,
Ces enfants à qui la vie n'a demandé
Ni visa ni passeport pour être conduit dans ce monde
Sont rejetés par la société, reniés par les siens
Et n'ont pour seul alliés que la violence et l'insécurité des rues,
Insolentés par la vie, ils sont en carence d'amour.

Enfants de la rue, enfance sans défense,
Que rien ne peut tourmenter dans ces rues
Où misère et peur se sont installées depuis longtemps
Comme si elles font partie de l'atmosphère.
Comme un astre, ils contemplent silencieusement
L'eau qui emporte leur rêve vers la mer infinie.

Enfants de la rue, enfants sans refuge,
Qui sillonnent et longent nos rues comme des bêtes de compagnies égarées,
Trouvant abri dans nos ruines et mangeant à la table des microbes.
Eux qui espèrent d'un monde où l'amour fondera ses lois,
Où tous ressentiront la joie de la famille, du bonheur.

Au-delà du temps

Notre adieu s'est fait sur ce pont,
Qui sépare deux mondes, sans sentiment,
Pas de mots doux ni de baiser langoureux
Mais avec beaucoup de regrets, de larmes et de cœur blessé.
Je me devais de partir de l'autre côté,
Faire rayonner notre amour au-delà de nos frontières.
Je n'avais pour seule arme que le sang qui jaillissait de mon cœur meurtri.
Au-dessus de nous, la lune, parcourait son éternel chemin dans le ciel pur
Et sa clarté laiteuse se répandait dans mon cœur attristé
Aujourd'hui, mon cœur loin du tien,
Mon âme affaiblit par la dureté des épreuves,
Je me rends compte de combien est vaine mon existence sans toi.
Ton cœur, me l'as-tu conservé comme présent ?
Es-tu aussi belle que dans ma mémoire ?
Ces questions, je les ai posés aux vents de la mer,
Pour réponse, je n'ai eu que l'écho ruminant des vagues.
Assis, je regarde ces vagues qui n'atteindront jamais la lune,
Comme elle, je rentre dans le passé,
Comme elle, je me couche sur le sable,
Je me souviens des marées hautes, du sable, du bonheur
Qui passait sur la mer, sur notre histoire.
Que la rosée du matin t'apporte mon bonjour,
Te montre l'intensité de mon amour, te caresse le visage,
Tout cela pour que tu saches
Que l'espace et le temps n'ont réussi à faire souffrir mes sentiments
Mais plutôt à les augmenter.

A ma mère

Bénis sois-tu oh femme en qui ma vie pris forme !
Toi qui te ton sang, tissa le tissu sans lisière de mon être,
Toi qui de ton lait, constitua l'énergie pour mon entrée dans ce monde cruel
Bénis sois-tu oh femme ! Oh ma mère.
Depuis ma naissance, tu as été pour moi cette tour
Qui me guide par les temps de brouillard.
De ton corps bravant vent et pluie
Comme un rocher, tu me protèges
Me défends contre tous.
Tes larges bras sont pour moi un abri
Dans lesquels je trouve refuge après une journée ensoleillée.
Mes tristesses sont tes larmes
Et des douleurs creusent des sillons dans mon cœur.
Femme de ta tribu, venue de l'autre côté de la rivière,
De l'autre côté de la montagne.
Pour toi je ferai chanter les oiseaux du ciel, danser les baleines de la mer.
Mère, mon amour pour toi est immense.
Le sable des déserts, les eaux des océans seront insuffisants pour le quantifier.
Mon existence ne sera jamais assez long pour chanter les louanges de tes bienfaits.

Confection

Aujourd'hui, cette nuit, je suis incliné devant toi comme un chevalier d'autrefois pour implorer ton pardon car j'ai péché contre ton amour et contre le ciel.

Oui dans ma course effrénée pour s'abreuver à la source aux amours, nos trajectoires se sont coupées et j'ai feint de ne t'avoir pas vu. Toi belle et douce déesse dont la venue sur terre s'est faite par une nuit criblée d'étoiles dans le but de l'éblouir de votre divine beauté. Bénis sois-tu oh déesse dont on ne peut. Comparer la beauté ni avec l'éclat du soleil ni avec la clarté de la lune mais avec les courbes onduleuses et volumineuses qui déferlent sur la mer.

Avant notre rencontre, mon corps affaiblissait, mon corps portait ses douleurs et mon âme supportait les ruines de mon échec. Dans mon rêve, j'essayais d'imaginer une autre. Depuis que je t'ai vu, comme un phénix, je renais de mes vestiges, je ne pourrais plus rêver de toi car la réalité me montre combien mes rêves d'enfant ont été jusqu'ici bien pauvre en imagination. Moi simple mortel, vous demande de bien vouloir pardonner ma faute, puisque je n'ai rien pour la défense, je ne saurai que me plier à votre sentence mais j'espère de vous la clémence. Pour qu'à fin sous vos ailes, ensemble, nous écrivons une nouvelle histoire et là sans rature ni erreurs.

Mon âme

Mon âme déchire tout mon être
Pour s'évader de mon enveloppe corporelle
Afin de parcourir le monde
Et voir s'il n'y'a pas d'autre moi sur la planète.
Il voudrait marcher sur les ondes,
Voir s'ils ont toute la même longueur
Afin de voir la lumière blanche
Et de jouir des merveilles qui comblent mon être et mes libertés infinies.
Il voudrait t'aimer mieux que les autres,
Te montrer les coins de toi jusqu'ici jamais explorés.
Il voudrait cette opportunité d'éclairer tes nuits pour te conduire vers ce monde rêvé

J'ai rêvé

Je me souviens de cette nuit, face au reflet de la lune qui se calquait sur la mer noir et bleue. Cette nuit, assis entre deux temps: hier et demain. À un moment où nous nous sommes permis de rêver, de nous projeter dans l'avenir. À un moment où le temps nous demandait des comptes et les dieux, nos bilans d'hier. Blottie dans le creux de mes bras, nous avons rêvé de Venise et de nos libertés infinies.

Pourtant, loin de moi, loin des hommes, assis sur les cordes des astres et de l'univers, je contemple les hommes et je me vois. Hier j'avais des rêves et aujourd'hui, ses rêves sont si proches et pourtant si loin: plus la poussière s'entassent, plus ils s'éloignent. Plus les vagues vont et viennent, plus ils s'échappent me laissant me vider de tout illusion.

Suis-je la victime d'un cauchemar? Quel génie s'amuse à m'offrir le monde à l'envers? Enfant je fantasmais, j'ai fantasmé. Oui devant moi les portes du monde s'ouvraient aujourd'hui à ma vue, elles se rétractent. Oui, j'avais des rêves, j'étais comme toi, regarde-moi aujourd'hui, qui suis-je? Rien de plus triste pour un oiseau de replier ses ailes son vol à peine commencé. Hier, je voulais devenir quelqu'un, aujourd'hui j'en suis même pas l'ombre. Hier je voulais aimer, aujourd'hui je n'ai plus de cœur. Hier je voulais vivre, aujourd'hui lentement, je me consume car les étoiles ont fui la nuit, la lune a déserte le ciel et mes rêves les ont suivis.

Sida

J'ai découvert le monde, j'ai rencontré des hommes.
J'ai parcouru la terre et ma chair s'est corrompue face aux fléaux de l'univers
Car mes yeux ont vu le mal qui côtoie mes semblables.
Comme les ténèbres envahissent le ciel,
Tu te répands parmi les hommes n'offrant aucune échappatoire à tes victimes.
Du point de pénétration jusqu'à leur mort,
Tu les traques, les harcèles et persécutes.
Le monde te craint,
Les mortels t'ont en horreur
Car tu es leur pire cauchemar.
Dans ton procès contre les hommes, une seule sentence est attribuée à tous: La mort.
Tes victimes, c'est par centaine qu'on les enterre chaque jour
Et c'est par millier qu'on les découvre chaque jour.
Maladie incurable au nom sorti droit de séjours des morts brulant la gorge de ceux qui te nomme
Comme les flammes de l'enfer: SIDA.
Nul n'est ni grand ni fort face à toi,
Aucune armure n'est solide, aucune armes puissante face à toi
Car tu es le gladiateur venu de nulle part
Ne laissant derrière lui que pleurs et grincement de dents.

Prière d'un amoureux

Très haut Cupidon qui vit dans les ars
Et règne sur les cœurs,
Que tes louanges soient éternelles
Que la gloire te suive,
Que ton souhait d'unir ceux qui s'aiment s'accomplisse.
Permet-nous de trouver la chaleur de l'amour quotidienne,
Excuse nos infidélités
Comme nous excusions aussi à ceux qui nous rendent cocu.
Mais ne nous excite pas de peur
Que nous yeux ne s'éloignent de ceux que nous aimons
Libéré nous des conflits d'amour inutiles.

Je me souviens

Depuis la dernière fois que nos yeux se sont séparés, que nous avions partagées nos chaleurs, beaucoup d'eau ont coulée sous le pont de l'amitié. Moi ici, vous là-bas. J'ai cru pouvoir le ré- éclore et vous oublier, avec vous un peu de moi c'est-à- dire mes premières joies, mes premiers amours, mes premiers peines.

Des nuits, je me surprends marchant sur nos routes poussiéreuses d'autrefois, visitant les ruelles qui ont abrité nos premiers jeux, les terrains qui n'ont été témoin de nos premiers pas et bagarres enfantines, sous ces étoiles qui ont été parrains de nos baptêmes d'amours. Je me souviens aussi de ces pleines lunes qui ont été le confident muet de nos douleurs les plus intimes.

Ici, loin de ces scènes, j'ai les larmes aux yeux. Je souffre la maladie des tropiques, je suis atteint du «mirage humain». Je vois vos visages dans tous les visages. Que faites-vous? Où êtes-vous? Est-ce que j'existe encore pour vous? M'aimiez-vous encore ou me détestiez-vous déjà? Je veux savoir pour pouvoir être, devenir et connaitre avant la tombée des rideaux car si aimer c'est souffrir, je me préfère homme malheureux que de supporter mon existence sans vous.

It is m'y Cameroon

Ô Cameroun berceau de nos ancêtres,
Ô Cameroun berceau des désillusions,
Ton passé glorieux parait une mythologie pour nous
Car ton présent est boueux et ton avenir menaçant.
Lion roi de la forêt est ton symbole.
Ta corruption fait de toi la risée de l'Afrique,
Ton concubinage avec tes assassins, la honte des mondains,
Et ta perversion a drainé des hommes de tous goûts...
De tes collines-seins, tu montres l'étendu de ton trésor répandu sur ton ventre nu,
Tes aisselles-steppe offrent rafraichissement et plaisir à tous ceux qui veulent de toi comme amis
Et pareil à un kaléidoscope, tu présentes une population aussi verdoyante que variée puisque nattée de tout horizon.
Les guerres tribales sourdes rongent ta paix intérieure:
Cameroun, Afrique en miniature, héritier légales des joies et perdition de ton continent
En ce jour où tes internes festoient avec fierté ton indépendance,
Qui devions-nous remercier:
Ceux qui ont pris, pour ta cause les armes et sont morts?
Ou ceux qui ont assisté et survécu, et qui aujourd'hui nous racontent ?
Ou nos bourreaux d'hier et qui aujourd'hui financent nos traitements ?
Cameroun qui pleure,
Cameroun qui a mal
Cameroun qui me fait mal.
Tu demeures muet face aux souffrances de tes hôtes.
Où sont tes fils dont le sang jalonne ta sombre histoire?
Puisse le sang de tes fils morts pour ta cause zébrer l'horizon du mot liberté.
Comme un seul esprit, brandissons nos poings pour notre indépendance véritable
Et pour jouir des libertés qui comblent notre être.

J'insiste

Malgré ton refus, si j'insiste ce n'est pas de ma faute car je t'ai dans la peau. Je peux arrêter de te harceler bien que cela me fera souffrir mais je pourrai te promettre que ce cessez-le-feu mettra long. C'est plus fort que moi. Mon âme blessé, je laisserai mon âme se mouvoir dans le trou sans fond du désespoir si c'est ta dernière position. Je t'ai cherché depuis des lustres, je t'ai cherché d'étoiles en étoiles, de galaxies en galaxies.

Liberté

À l'aube de cette nouvelle ère, qui s'ouvre,
L'âme à terre, le regard vers l'avenir sombre
Où mon histoire s'écrit.
Sous ses ailes, la liberté m'amène sans cri,
J'embrasse une dernière fois mon maître,
La nostalgie envahie mon être.
J'avance avec beaucoup de courage et d'armes
Sur ma joue roulent des perles de larmes
Peut-être de joie pour moi,
Peut-être de peur pour l'incertitude de la vie sans toit,
Peut-être de deuil pour les amis mort
Peut-être d'orgueil pour...

Retrouvailles

Je l'ai retrouvé nu,
Elle ne m'a pas reconnu,
On a parlé, on a essayé,
Mais les mots nous fuyaient.

Je l'avais aimé
Dans le secret de mes actions
D'un amour sans succession.

Son sourire sans âge
Trahissait sa beauté trop sage.
Malheureusement, elle s'est encore enfuie
Et loin dans mon passé, elle s'enfouit.

Le jardin d'Éden

Nous avons déjà tous agi suivant les lois du cœur, quitte à faire souffrir ceux que nous n'avions pas encore remarqué.

Je me rappelle, j'étais prêt à tous juste pour un tête à tête, peu importe la durée des secondes.

Nous nous sommes plusieurs fois rencontré sans rendez-vous, c'est peut-être la raison de mon manque d'action. Toutefois c'était toujours loin des ailes des dieux. Dans mes pensées, elle m'apparaissait et dans mes rêves, m'appartenait.

D'une beauté exotique, elle avait le plaisir pour collier, l'aventure pour soulier. À travers son sourire, le mystère était clair et elle était vêtue de soleil pour l'hiver. Entre les rangées d'olives de mon jardin, elle jouait des notes sur ma peau avec sa langue chaude. Dans nos oreilles, le son de nos promesses mutuelles et dans ses cheveux, le parfum de la mer lactée.

Plusieurs fois je l'ai aimé, plusieurs fois pour mon malheur. Le serpents-réveil qui, dans ma pomme-cœur s'initie, creuse le gouffre entre le passé et mon présent bien monotone loin de toi pour te booster hors de mon jardin. À quoi servira de prolonger mes misérables jours puisque je dois les trainer loin d'elle dans le remords et le désespoir?

Afrique

Nous sommes de milliers d'Africains,
Dans une canicule du monde,
Vivant avec des microbes mondains,
Près d'une vie de misère immonde.
Nous sommes nées dans un territoire en ruine,
Où les rafales de balles bercent les nuits,
Et les hommes ne sont plus barbares
Et la paix est synonyme de guerre.
Afrique, berceau de l'humanité.
Ici, on a plus de république
Car nos dirigeants sont de vivantes reliques
Noyées dans un océan de malhonnête.
Afrique qui vit,
Afrique qui meurt,
Afrique qui l'écœure.
Tu demeures sur ton trône ensanglanté assis,
Envahit par l'amitié de l'Asie,
Entouré par le maître, bourreau et traitre Europe,
Sous l'œil de l'Amérique qui te snobe.
Hier enfant-esclave, aujourd'hui vieil adolescent
Dont l'histoire s'écrit à l'encre du sang.
Crie, combat pour ton autonomie,
Confronte tes amis, surveille tes ennemies,
Rebelle-toi contre ton histoire dictée
Sans l'épopée plein de bravoure de tes dignes fils.
Veille, règne sur tes sentiers poussiéreux,
Afin que de toi, nous soyons fiers et heureux.

Ses MP

J'avais l'habitude tous les soirs d'aller sur le net. C'était chaque fois dans la même maison pour rencontrer la même personne et tous les soirs, elle me répondait.

Je m'étais habitué à recevoir ses messages. C'était le moment pour moi de sortir de la coque et de croiser le monde. Elle était ma raison de me connecter.

Avec le temps, ses MP sont devenus mon autre, sans eux, je me sentais amoindri, je chancelais. Elle avait l'art des mots, sachant la place de chacun. Pendant ces instants, c'était comme-çi on avait allumé une chandelle dans mon cœur, dans mon être. Une flamme qui promettait de la chaleur là où il ne régnait plus que brouillard dans un ténèbre noir glacé.

À présent, je suis l'esclave du temps coincé entre le passé et le présent : je ne suis ni acclimaté dans le présent puisque je vis de souvenir ni ancré dans le passé car j'y suis évincé.
Maintenant, mon silence sera la seule arme. Je l'utilise lors des moments de souffrance de mon âme.

Testament de pauvre

Un notaire,
Une famille de terre,
Après le décès de leur père,
Dans un silence d'enfer.
Assis dans une grande salle,
L'âme et le regard en asile,
Pendant l'inventaire des biens
Constitués de presque rien:
Une maison dans un bidonville,
Des bêtes non viriles,
Un champ ravagé par un drain,
Des gamins, un lit, des soucis, des dettes
Juste de quoi l'empêcher de faire la fête.
Dans une aire de leur cœur,
Dans un volume de leur âme,
Où on clame,
Où on traine dans la boue leur honneur,
Seuls et unis, loin des vivres,
Les enfants essayent de vivre.

Le mort

La nuit court à l'autre bout,
Les ténèbres fuient les cieux.
La brise tiède de l'aube
Entraine au loin ton âme,
La nouvelle, comme l'écho lointain d'un cauchemar nous parvient.
La tristesse nous envahit et tu nous quittes,
Les vents te ramènent aux dieux
Marche, court, vole vers les aïeux.
Que ton âme repose en paix dans le firmament des cieux.
Vogue sur les montagnes, les nuages, la lune...
Joints-toi à la dance nocturne des étoiles.
Que ton image soit plus brillante que le soleil,
Que ton sourire, plus présent que la clarté de la lune
Afin que dans nos mémoires, le son de ta voix continue de nous orienter.
Que ton bonheur soit plus immense là-bas qu'ici,
Pense à nous autant que nous ne cesserons de penser à toi.
Un geste vers toi et pour toi non pas pour un adieu mais pour un à Dieu.

Silence

Le soleil a fui l'horizon,
Les ténèbres nous envahissent,
La fraicheur se répand dans la maison,
Tes yeux-phares nous éblouissent.
Près de moi sans mots,
Ton silence est pareil à des pierres de glaces
Qui, sur mon âme me transperce.
Je saurai user de tous mes charmes,
Mes souvenirs seront les seules armes
Face aux solitudes de toutes ces heures
Pour essayer de te conduire vers mon cœur.
La voix de ton silence
Est une flèche lancée dans la voie lactée
Qui ne cesse
De me hanter.

J'ai mal, reviens

Au loin, le jour se lève,
Les dernières de la nuit se soulèvent,
Les flacons de neiges font vibrer le toit,
Mes pensées s'envolent vers toi.
Dans la nuit noire et sombre, tu es partie
De mon cœur, tu veux sortir.
Le vent entraine ton visage
Et me laisse plein de rage.
La colère me rend ivre,
Et ton délaissement me prive de vivre.
Solidaire et seul au milieu des hommes,
Dans moi, les sentiments sont restés les mêmes,
Partisan d'aucun groupe,
Dirigeant et adversaire de toutes les troupes.
Par amour pour nos souvenirs,
Je t'offre l'étendu de mon être
Et te prie de me revenir
Pour mon cœur afin de devenir son maitre
Sinon loin des autres et de moi
Je me sacrifierais à une armure d'effroi.

La première fois

La première fois, c'était comme s'il y avait un champs magnétique dans l'air qui s'étendait jusqu'à nos veines. C'était beau, c'était violemment doux.

Notre première main dans la main était joviale. J'aurai souhaité que le monde s'arrête, Que notre entourage disparaisse, que les secondes s'étirent pour qu'il ne reste plus que toi et moi car le soleil sur nos têtes brillait, les astres nous transportaient vers des lieux lointains où les orchestres sont des oiseaux et les choristes des dauphins.

Le premier baiser était sous la surveillance de la lune vigilante, de tes immenses yeux noirs, d'un blanc d'œuf léger comme la voie lactée. C'était agréable de s'y noyer, comme une mer sous les flammes de l'amour, Souple comme les caresses d'un papillon.

La première fois qu'on s'est partagé mutuellement. Étendu à même le sol, la cheminée répandait de la chaleur dans toutes les pièces, une flamme qui parcourait nos corps Côme une traversée d'adrénaline. Dehors, le vent glacial furieux courait, sautait sur le toit comme un à cal sauvage. À l'intérieur, l'un sur l'autre, on voulait tous voir, tous toucher, tous sentir, goûter ce jusqu'au-delà de nos limites corporelles.

SVP, ici on veut vivre

Afrique,
Nos sueurs sont le siège de leur fric pendant que c'est ailleurs
Que ta jeunesse attend sa dernière heure,
Dans nos rues, les grands seigneurs règlent leur conflit
En baignant leurs mains dans le sang de nos frères.
Jeunesse africaine ne t'approche pas cette mondialisation
Qui boude tous tes ambitions.
Tu t'es uni à tes pseudo-alliés pour ton malheurs.
Ne regarde plus le ciel en scrutant l'heure,
Des oiseaux qui fuient la pollution occidentale, leur onde
Et nos dirigeants sont des manœuvres à leur solde
Voire des pions sur leur tableau d'échec
Qu'on élève ou rabaissent en fonction de leur chèque.
Repens-toi oh Africains
Pour que ton dieu puisse revenir
Afin que tu puisses te remémorer tes lointains souvenirs.
Les organismes internationaux se moquent de tes rêves,
Font de tes problèmes une suite géométrique sans trêve.
Choléra, corruption, sida nous fait boiter.
Sida, corruption, gouvernance, jouissance leur font chanter.
Attiseurs puis pompiers de nos querelles
Afrique, moi aussi, je veux sortir de toi,
Tout en espérant trouver d'autres toits
Qui sauront l'héberger et me couver sous ses ailes.

Réponse

J'ai reçu hier soir vos lettres meurtrières,
Hier soir au coucher du soleil,
M'est parvenu des quatre coins des vents lointains
Dans le brouillard des mots,
Derrière vos sourires sans fin
Comme la traînée d'une super nova géante.
Vous me parliez avec votre franchise
Que vos pays sont les plus beaux
Sans me dire que chez vous aussi
Règne corruption, dictature, disette.
Vous me parliez que vos hommes sont les meilleurs,
Oubliant de dire
Qu'ils sont d'une mesquinerie débordante.
Vous faites les éloges de vos femmes,
Les plus dignes, les plus belles, les plus maternelles
En omettant de rappeler combien
Elles sont sadiques et cruelles
Vous contiez l'épopée de vos enfants
Montant à l'horizon de vos peuples
Sans dire qu'ils sont grévistes,
Des piètres amourologues politiques
N'hésitant pas à dénoncer leurs co-équipiers
Juste pour quelques liasses de billets.
Vous me demandiez si en Afrique on vous aime...
Et mes anciens qui l'écoutaient
M'ont dit de vous répondre qu'ils vous ont envié
Peut-être même surestimés
Mais toutes les fois qu'ils ont cohabité avec vous,
Cela a été néfaste, très néfastes
Car pour eux cela a été traite négrière, esclavage, colonisation,
Dévaluation et aujourd'hui privatisation.
Les termes ont tellement changé
Qu'ils ont peur d'oublier d'autres
Mais le traitement à eux réserve
N'a pas subir l'usure du temps
Puisqu'ils n'étaient à vos cotes que...
WikiLeaks est notre témoin historique
Et saura parler à temps opportun.
... Les anciens qui l'écoutaient m'ont dit de vous répondre
Qu'ils ne pourront effacer de leur mémoire
Tous les ponts, routes, écoles, hôpitaux construits il y a longtemps,
Toutes ces maladies qui avec la bravoure et la vaillance
Vos médecins ont combattu.
Par hommage leurs noms inondent nos rues.

Ils ont dit
De vous répondre
Qu'un jour ils vous aimaient bien mais qu'aujourd'hui
Ils se préfèrent encore plus.
Toutefois, c'est l'homme que l'on aime, parce qu'il est homme
Parce qu'il nous ressemble.
On fantasme sur vos avions, vos techniques
Autant on craint la bombe
Et la haine dans le cœur de l'homme blanc.
Et voici que ce soir,
Au bord de vos sourires, nos sourires se sont penchés.
Le rythme de la vie en nous tambourine à tous rompre
Nous, votre marche d'espoir sous les astres célestes,
Nous, votre mystère sur la source vitale,
Nous, votre matrice vierge dans une âme polluée,
Nous, votre étoile dans vos cieux d'espoir,
Nous, l'assurance de cotre avenir sur notre présent léger.

Mon fils

Un jour viendra,
Où je tomberai amoureux
Et de cet amour naitra un fils.
En qui je me reverrai naitre, grandir et vivre.
Il sera le reflet présent de mon histoire passé,
Sera ma revanche sur la vie.
Par moi, il sera immunisé de tous les fléaux.
Pour moi, il sera grand et fort
Réussira là où j'ai échoué.
Je lui dirai,
Viens, viens mon sang, vient réparer ma honte
Face au soufflet de la vie.
Montre-toi digne fils de ta race,
Percé jusqu'au cœur,
Viens me venger.
Il s'élèvera dans les airs,
Voguera dans l'immensité,
Brisera les portes scellées.
Mais devra se débrouiller seul à affronter
Le mirage qui existe être ses rêves et notre réalité,
À traverser le fossé qui sépare deux cœurs brisés.
À mon fils,
Certaines nuits, je lui conterai
L'histoire de ses grands-parents chasseurs
Partis à la conquête de la lune
Revenus pour raviver ses yeux avec des étoiles.

A elle

À elle, toutes celles que nous aimons, belles, jolies, noires, brunes, blanches, jaunes, rouges, filles, maitresses, mères, épouses dont l'amour est cesse croissant car sont les même sous tous les cieux.

À celle que j'ai cru voir le reflet sur la lune et flairer le parfum sur les étoiles puisque je t'ai cherché sur toutes planètes ce jusqu'aux confins de l'univers.

À celles et pour celles que nous aimons dans le secret de nos cœurs sans pouvoir l'avouer.

À celles qui, après plusieurs obstacles a réussi a fondre nos armures corporelles et qui, lorsqu'on s'habitue à leur chaleur, comme une poignée de sable, nous échappent.

Le permis de rêver

Si rêver comme conduire,
Et que je détenais le permis de rêver,
Je serais Américain
Dirigeant de la Banque Mondiale ou du FMI.
Je me proclamerais Dieu,
Je réaliserais tous les rêves.
S'il m'était permis de rêver,
J'irai à la Haye,
Voter les lois qui feront de nos dirigeants
Des hommes égaux en droits et en devoirs
Vis à vis d'eux et vis à vis de leurs citoyens.
S'il m'était permis de rêver,
Je volerai au-dessus de l'Asie,
Je foulerai la muraille de Chine,
Je visiterais les pagodes pour avoir plus de savoir
Pour la résolution des conflits.
S'il m'était permis de rêver,
Je parcourrai l'Afrique
Pour apprendre aux Africains
À aimer et travailler la terre
Et à ne plus attendre des mannes.
Comme une vierge bafouée
Je rétablirai son honneur.

Ô Seigneur, et nous?

Ô Seigneur, je suis noir,
Noirceur, couleur de mes problèmes
Loin de la résolution de mes pairs du Nord,
Loin de la blancheur, couleur du jour.
Ne suis-je bon que pour la nuit?
Pourquoi dans mes rêves l'espoir est clair
Et mes temps de troubles
Naissent dans les trous sans fond?
Ô Seigneur, je suis noir
Et serviteur de Dieu
Au fils à leur effigie,
Père doit-on attendre notre messie?
Qui portera notre charge?
À qui feront-nous nos offrandes?
Qui éliminera de nos quotidiennes misères, guerres, maladies?
Dans les ténèbres de ma demeure,
Je t'offre l'étendue de la misère,
Seigneur, les hommes m'ont oublié!
Oh mon Dieu, regarde-moi!
J'ai dansé la danse des esclaves,
Offrir mon sang en offrande à tous les dieux,
Me sacrifier, d'entailler le poignet
Pour ressembler à un blanc
Sans passer par le djansan.
Ô Seigneur, je suis noir,
Et ne renais qu'à la sortie des étoiles
À l'heure où les maîtres dorment
Et toi, que fais-tu?
La lumière froide de la lune grise
Nous claque l'étendu de nos misères
Et isole nos vierges chaudes
Que nous exciserons pour qu'elles te soient fidèles
Afin que tu ne nous oublié plus.
La flamme du christianisme ne nous atteindre pas,
Tes anges ont le noir en horreurs
Hantent nos doux martyrs
Au profil de nos violents pilleurs.
Seigneur montre-nous ton visage
Pour voir s'il nous ressemble
Et nous te montrerons nos corps pleins de souffrances
Et des douleurs du monde
Pour voir s'il est pareil à celui de ton fils.
Ô Seigneur, nous sommes noirs,
Qui lira nos requêtes?

Qui nous répondra?
Qui nous veillera?
Éli, Éli, lama sabachtani?
Pense à nous étendu sur nos sentiers arides
À l'entente d'une pluie de joie,
De bonheur qui nous fera vivre.

Douala at night

Dans la nuit sombre,
Trois lampes éclairent le ciel sans étoile :
La première, pour montrer ton étendue,
La deuxième, pour présenter tes impostures,
La troisième, pour espérer ta dépendance,
Et le noir l'enveloppant, pour rêver ton avenir.

La journée de mon père

Dehors, il pleut sur cette ville sans étoile,
De l'eau montant de cette ville
D'hommes pleins d'orgueil.
Mon père dans cette marée
Affrontait le froid et narrait
Aux autres les vertus de ses marchandises
Constituées de beaucoup de friandises:
Aux enfants, il montre ses préférences,
Aux dames, il fait ses révérences.
Et d'eux, il reçoit des compliments sournois.
Son honneur dans la boue, il le noie.
Dès l'aube, je le vois partir
Et tard le soir, je l'entends mentir
Que tout va bien
Pour ne pas inquiéter les siens.
Depuis mon lit, dans la noirceur de ma chambre
La brise tiède de la mer sombre
Caresse la lune chaude
Qui se calque sur mon être.
Je suffoque, je refuse d'ouvrir la fenêtre
De peur que le vacarme du luxe n'arrive à nous.
Les journées de mon père sont pareilles
Il en est fier et cela lui ôte les ailes

Une histoire

Une amoureuse,
Une histoire désastreuse,
Une larme qui perle sur une joue
Crevassée qu'on écrase avec amertume
Pour marquer la fin d'une page.

Le temps oublié

On ne peut rien gagner contre la société les armes à la main
Car la seul manière de sortir vainqueur d'une guerre
C'est de ne pas créer des conditions propices à son enclenchement.
Cela l'étudiant l'a compris, posté devant les grilles de ce campus,
Surpris, immobile, l'annonce des résultats de l'examen l'a attiré là,
Et regardant lune souriante dans son ciel enrhumé sans nuage lancé:
«Mais dit donc lune, tu ne vois pas que c'est bizarre de donner une nuit pareil à un recteur?»

La mémoire

Comparé au plus puissant des ordinateurs,
Notre cerveau est à une capacité illimitée.
On peut tous y stocker à volonté,
Et accéder à nos souvenirs à tout instant.
Contrairement à l'ordinateur,
Il ne fond pas avec le temps
Au soleil comme du beurre
C'est peut-être pour cela que nous l'aimons tant.

I have a dream

J'ai fait un rêve dans lequel, j'ai vu la nuit affronter le jour
Pour avoir droit à n'a chaleur du soleil car elle a découvert le secret de sa supériorité.
Et loin sur une piste dans la forêt, j'ai vu les fournis s'unir
Pour infliger aux éléphants-colonisateur une cuisant défaite
Pour pouvoir vivre debout pauvrement c'est vrai, mais librement
N'attendant plus la justice d'intérêt du lion qui juge-partisan se réserve le plus grand camp de chasse
Dans cette clairière sans ressources en quantité.
Dans mon rêve, j'ai vu les étoiles voguer tellement haut
Pour puiser, dans la froideur du ciel, les larmes
Pour pleurer son esclavage, pleurer les morts de sa déportation lointaine
Et dans sa passivité, les armes nécessaires à sa survie.
Le parfum désuet de ma hutte vint me narguer aussi loin dans mes rêves
Et le vent chaud qui parcourait mon corps me fit y sortir
Où j'étais en sueur, et je compris que je venais d'entrevoir un avenir plus radieux pour les miens.

Le monde

Pour dessiner son monde,
Il faut se pencher depuis une lune,
Feuille et styla en main, faire un grand rond,
De sa couleur préférée, colorier le tous
Mettre dedans tous ce qu'on aime.
Là, on aura dessiné le monde.

Visite guidée

Qu'il s'étende de tes fantasmes les plus fous à notre rude et froid quotidien,
Afrique, pour tes lointains admirateurs tu es soit «désert du Sahara»
Soit «Grace du Nil» soit «somptuosité des pyramides» ou
Soit c'est «tes dirigeants à CDI et des guerres destructives.»

La lune qui vint de se lever me refroidir la peau et me gonfle d'orgueil,
Et le ventre plein d'espoir, je vous ouvre les portes de mon Afrique:
Venez contempler la bravoure de ses fils de Mandela à Mohamed Bouazizi,
Des mines de Pretoria aux protestations égyptiennes,
De la beauté de nos filles peintes d'ébène, couleurs de liberté.
Et de nos fils vêtus de gaieté galopant dans nos rues comme des étalons sauvages.
Des éléphants aux lions indomptables, vous entendriez la fureur venant de la forêt,
Du Sénégal à Djibouti, nous irons nous oxygéner à la lisière de la muraille verte
En suivant les souvenirs des eaux noires un soir de claire lune,
Nous irons nous assagir dans les chefferies
Après avoir volé une réception dans le temple des dieux.

Par contre,
Je m'abstiendrai de vous montrer du toit du mont Kilimandjaro l'étendu de notre misère,
Le nid du M23, la corruption, de l'oppression et la rancœur
Qui s'épanouit dans nos êtres sans couture.

La nuit

Ne pensez pas que la nature ait enfanté la nuit par pudeur,
C'est pour mieux mettre à la froideur des étoiles la cruauté de l'homme.
Le soir, les lampadaires accueil sans condition les prostituées du jour
Et leur sinistre couleur permet le regroupement:
Le rouge, les travailleurs du sexe.
Le bleu, les alcooliques.
Les jeux de couleurs, ceux qui veulent déstresser
Et entre eux, ceux qui sont vêtus de curiosité.
A la nuit tombé, sans masque ni vêtements,
Je me glisserai dans la couche de l'occident
Et peut-être la confidence sur les oreillers trouvera solution à nos problèmes
Sinon, avec mes pères, nous irons conter notre histoire à l'arbre des lamentations
Qui coulera pour nous des larmes
Et le vent portera au loin nos plaintes,
Ou nous compterons les étoiles en attendant que passe le mauvais temps.

La famille

Un couple c'est un père, une mère et des enfants.

La mère est douceur, bonté et parfois incompréhensibilité.
Est-ce pour l'éviter que deux mères se mettent ensemble ?
Le père est rigueur, source d'embrouille, indisponibilité
Le capital sourire est précieux.
Est-ce pour le fructifier que deux pères vont ensemble ?
Entre les deux, les enfants se forgent.
A quoi servent les mots si on peut « je t'aime » ?
Est-ce que les bons guerriers ont eu deux pères ?
Est-ce que les meilleurs amants ont-ils deux mères ?

Pour elle

J'ai trempé ma plume dans l'encre de ton sang
Pour dessiner sur ma chair la souffrance qui endolorie ton frêle épaule.
Je t'ai plusieurs fois surpris dans la fumée de ta cuisine vêtue de sueur
Pour notre bonheur et en compagnie de ton éternel sourire
Qui cache mal le sillon labouré par des larmes sans âme
Qui s'épanouissent sur ta joue.
J'irai courtiser l'arc-en-ciel
Pour apprendre le secret de sa synthèse et colorierai tes yeux.
Et je convolerai en juste noce avec le monde d'Alice
Pour réaliser tes rêves
Un nouveau soleil pour ajouter de la poussière sur les jours antérieurs.
La froideur des fleurs qui s'élèvent comme des tours de la tombe confessent nos silences.
Une blessure, un temps.
Une cicatrice, un souvenir.
Que la pluie nous aide à te pleurer,
Que le vent apporte au loin nos pleurs,
Que la coulée de lave nous mènent à toi.

Peur

J'aime le coucher du soleil,
Voir le jour noyer le firmament de ses humeurs,
L'humidité qui inonde les poumons le soir
Mais je déteste marcher à Ndokotti lorsque le ciel n'est éclairé que d'étoiles.
J'aime les couleurs,
Mais je déteste la trainée blanche des larmes séchées sur les joues enfantines.
J'aime la virilité des hommes, les vrais de chez nous,
Les filles belles aux courbes envoutantes avec du Gloss sur les lèvres,
Du mascara sur les sourcils
Autant je hais le rouge sur le corps des épouses, des mères et des amoureuses.
On aime le parfum de la lavande, les fruits, du village loin des villes
Autant on veut apprendre à avoir peur de l'arôme derrière la fumée.
On a fantasmé sur Malala, Bouazizi et leur courage,
Aimé vivre la révolution du Jasmin et ses bouleversements.
On aurait aimé mêler nos voix pour la résolution des conflits
Autant on craint de monter au front en première ligne.

Le souhait

Le monde,
J'aurai souhaité le parcourir une dernière fois,
Non pas pour trouver de nouveaux amours
Mais pour cueillir les couleurs du jour
Afin d'éclairer les visages sans sourire.
J'aurai souhaité me recueillir une dernière fois devant ma mère
Et me balader dans le parfum sans lumière de ses cheveux,
Pour apprendre à décodifier le gène de l'amour
Car elle n'avait pour héritage que sa nudité ans frontière
Comme les limites de l'amertume que sa perte cause.
À ma mère,
J'aurai voulu lui dire quelques instants avant que se yeux ne s'illuminent des milles feux,
Que nous ne cesserons de puiser dans son apprentissage
Pour trainer loin des arènes nos ennemies.

La rivière de mon enfance

J'arpente la maison de mon enfance,
Un soir pendant une pluie dense.
Je revois la pièce parentale avec son unique meuble,
Une natte lancée à même le sol dur,
C'est là que nous avions été conçus
Lorsque les hormones faisaient ses calculs froids.
La maison était imprégnée d'odeur nauséabonde mais agréable.
Mon père a tellement noyé ses problèmes qu'ils sont devenus des Michael Phells,
Nos repas n'étaient jamais accompagnés de Pepsi
Car c'était constamment chez nous jours de jeun
On se serrait les uns aux autres sans gênes,
On n'avait ni Samsung ni Louis XIV ni Zara
Mais le vacarme de la circulation non contrôlé des rats.
Les rêves formés se pressaient de partir comme Ulsain Bolt.
Malgré la misère, dans la maison de mon enfance,
Il y régnait une chaleur qui nous donnait de al joie et envahissait nos cœurs,
Une chaleur plus généreuse que les mains de Bill Gates.
Depuis la maison de mon enfance,
Derrière le masque de larme qui cache mon sourire,
Je vois les rues jonchées des cadavres des espoirs de mes pères
Dont le sang se mêle aux souffrances de la terre
Pour mieux anéantir les vivants et les faire taire.
Le grand feu de l'OTAN,
Éclaire et réchauffe le quartier
Mais on refuse d'aller autour tuer notre temps
Car ils se plaisent à nous renvoyer à l'état de chantier
Comment, puisqu'on leur payera pour tous construire
Après qu'ils nous aient accusés de crime de guerre.

Je l'ai rencontré

J'ai humé son parfum comme celui d'un fruit sauvage,
Caresser ses cheveux illuminés comme la piste des dieux,
Parcourir son corps tortueux comme le chemin de la rédemption,
Et dans le vent glacé d'un soir,
Sous le masque de la curiosité,
Nous avons trempés nos plaisirs dans l'encre de l'arbre défendu.

Qui est-ce ?

Il était une fois,
Un homme qui était fatigué de son hareng voulut de nouvelles conquêtes
Mais ne voulant pas se mêler à la danse,
Fit concevoir un enfant par une pucelle.
Le fils né était tellement bon rêveur,
N'ayant de père humain se proclama fils de Seigneur
Avec une escorte de 12 hommes acquis à sa cause.
À la fin de sa scolarité,
Tellement brillant et nantis de plusieurs diplômes
Car était bon alchimiste, a transformé l'eau en vin
Car était bon athlète, a marché sur l'eau
Car bon scientifique, a réveillé les morts
Car bon philosophe, ses paroles étaient plein de mystères épais
Car bon conseiller, parlait d'amour et de respect mutuel.
Au fait quelle formation faut-il pour multiplier pain et poissons
Car cela il l'a fait ?
Ses ennemies ont percé ses côtes et crucifié
mais trois jours d'hospitalisation, était sur pied
Et s'en alla, après avoir prévu son retour,
Vers les lieux lointains.

Les échos du vent

Une heure, un lieu, une explosion,

Des kamikazes, des victimes,

Jean, Paul, Pierre, Ibrahim, Djibrilla...

Ce ne sont pas que des noms,

Ce ne sont pas que des chiffres,

C'est familles, amis, voisins

Qu'on ne verra plus.

C'est une douleur qui nous accablera

Et qui ne nous quittera plus.

Rancœur, haine, représailles

Nous ne voulons pas qu'en nous cela grandit.

Amour, pardon, repentance

Aidez-nous à les cultiver et sous son ombrage

Qui sait, on boira un soir du vin

Quelle tristesse nous amène vent d'aujourd'hui!

Interview

Journaliste :
Quand comptiez-vous inviter le président à visiter l'arrière-pays

L'artiste :
Après une défaite électorale

Journaliste :
Dans quel but ?

L'artiste :
Pour le faire voir la réalité de terrain non pas la façade que lui serve ses « lèches-bottes »

Journaliste :
A quelle occasion ?

L'artiste :
Lors des funérailles à l'Ouest pour qu'il hume les cris de douleurs des orphelins de guerres, de famines, de tribalismes, de corruptions, de promesses électoraux non tenues juste pour savoir si c'est le même cri par lui lancé lors de la proclamation de résultats

Journaliste :
Et si cela ne suffisait pas à améliorer leur condition, que prévoyez-vous faire ?

L'artiste :
Je me servirai des étoiles comme tremplin afin d'aller tirer le mentau du Bon Dieu pour réaliser des miracles.

Commérage

La colombe se pose avec grâce sur une branche,
Son souffle fait tomber quelques feuilles,
Elle picore des graines,
Puis comme elle est venue, elle s'en va.
L'arbre mourra-t-il ?
Et mon amour alors ?

Autopsie des dieux

L’épouse repose là, par manque d’affection...
Sue le chemin de la calomnie.
Les dieux en l’ouvrant
Pourront lire :
« ce qui me tue, à un jour fait mon bonheur. »

Sourire

Un jour près d'un canal,
Sous un soleil de plomb,
Sur une piste africaine,
Le passé croise le présent
Et lui tient ses propos :
«Si je te dis négrier, colonisation et indépendance, que me diras-tu ?»
« Que pour l'Africain rien n'a changé
Si ce n'est la longueur de la chaine
Que le maître allonge » répondit le présent
Et le futur qui les écoutait
Un peu à l'écart se mit à sourire
Et les deux de lui lancer :
«Qu'est-ce qui t'amuses ?»

Les nombres

0 est un rond,
1 est un bâtonnet,
2 et 3 des lignes courbes,
4 est un carrefour,
5 est un chemin,
6 une rencontre,
7 une arme,
8 un mystère,
9 un hasard,
Le tout forme les multiples voies qui mènent à l'infini.

Nécrologie d'un peuple

Cela fait des années disent-ils,
Que le créateur rappela auprès de lui ses serviteurs :
Éducation adéquate, travail décent, agriculture rentable,
Industrie florissante, population autonome,
En cette date
La famille prie tous ceux qui les ont connus
D'avoir une pensée pieuse afin qu'ils se réincarnent avant l'échéance 2035.

C'est mon quotidien

Toc toc toc

Ce n'est pas à ma porte qu'on cogne

Mais c'est le bruit de larmes qui ricochent sur un cœur meurtri.

Boum boum boum

Ce n'est pas l'animation de la fanfare présidentielle

Mais c'est le bruit des tirs de roquettes, d'obus de mortiers qui s'abattent sur la ville

… … …

Qu'entendez-vous, tendez bien l'oreille ?

Qu'entendez-vous ?

Rien.

Telle est la réaction des voisins face à l'acharnement de mes persécuteurs.

Le jour des résultats

Comme dans un acte d'amour,
Les préliminaires prennent le temps,
Puis les premiers noms sont prononcés :
Les cris de joies qui s'élèvent,
Les pleurs s'en mêlent
Et le vacarme commence.
Des indécis, le cœur dans leur poitrine s'affole.
On devient vite irritable.
Peu à peu la cour se vide.
Et dehors, pour les admis c'est un concert de cris
Qui débute au téléphone
Qui s'achèvera entre copains.
Les recalés n'auront pour consolateur
Que les gouttes de larmes creusant des tunnels sur leurs joues.
Et vive la réussite!
Vive les vacances!
Et quoi qu'il en soit,
Le travail commence ici et maintenant
Car l'avenir est boueux.

Printed by Books on Demand GmbH, Norderstedt / Germany